FILOMENA
UMA ADOÇÃO DE AMOR
Uma história baseada em afetos reais

Preparo de originais: Gabrielle Antunes
Supervisão de texto: Jéssica H. Furtado
Revisão: Fernanda Jesus
Diagramação: Danielle V Cardoso
Capa: Danielle V Cardoso
Ilustração: Elaine Ladeira

Catalogação na publicação.
Elaborada por Bibliotecária Janaina Ramos – CRB-8/9166

S237f
    Santos, Wanessa Cabral dos
    Filomena: uma adoção de amor - Uma história baseada em afetos reais / Wanessa Cabral dos Santos. –
Rio de Janeiro: Ases da Literatura, 2024.
        28 p., il.; 17 X 24 cm
        ISBN 978-65-5420-996-0
    1. Literatura infantil. I. Santos, Wanessa Cabral dos. II. Título.

                                          CDD 028.5

Índice para catálogo sistemático
    I.   Literatura infantil

Para comprar os livros com maior desconto possível, visite nosso site e acesse o catálogo –
www.asesdaliteratura.com
Instagram - @editoraasesdaliteratura e @editoraasinha

Wanessa Cabral dos Santos

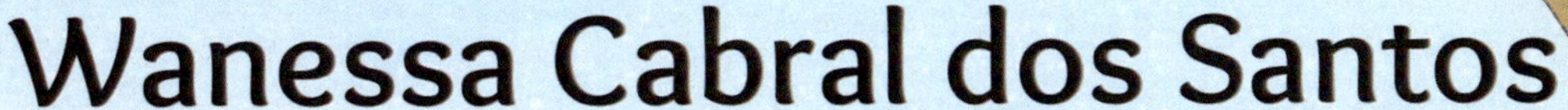

FILOMENA
UMA ADOÇÃO DE AMOR
Uma história baseada em afetos reais

Ilustração:
Elaine Ladeira

4

Dedico esse livro a minha linda filha Camila, que sempre elogia tudo o que eu faço, que um dia ela se inspire a escrever o seu próprio livro. A minha mãe, ao meu pai e irmão que sempre acreditaram no meu potencial. Em especial ao meu marido André por me incentivar, amar e acreditar no meu sonho, sem ele não teria dado o primeiro passo. E à nossa querida Filomena, que me inspirou a escrever essa linda história.

Agradeço a Deus pelo dom de perceber, sentir e escrever os mais lindos sentimentos, através das histórias infantis.

A ideia do livro surgiu quando conheci a Filomena. Sua história de abandono me fez perceber como foi importante para ela e o seu novo tutor esse encontro cheio de amor e cuidado um com o outro. Isso me fez pensar que, através de um livro, poderia estar contando essa história e incentivando as crianças e adultos a refletirem sobre a importância da adoção de animais, e o afeto que existe nessa linda relação.

O termo "Coração Grandão" descrito no livro simboliza o olhar cuidadoso e amoroso que as pessoas que vêem esses animais nas ruas possuem. E que também se dispõem a cuidar e adotá-los.

8

Esta é a história de uma cachorrinha em busca de uma família.

Desde filhote ela morou nas ruas, com os outros cachorros abandonados. Passou fome, sentiu sede e frio. Andava sem direção, pois não tinha um lar.

Sentia medo de alguém não gostar do jeito que ela era, pois na sua pele havia muitas feridas. Quase não tinha pelos.

Suas orelhas estavam machucadas e suas patas feridas, o que a deixava muito triste. Quando alguém chegava próximo a ela, ficava com medo de sua aparência e saía de perto. Ela então se escondia para não assustar mais ninguém.

Mas ela carregava algo especial, o seu coração grandão. Nem todo mundo conseguia enxergar o tamanho do seu coração, só as pessoas especiais conseguem ver.

Todos os dias, antes de dormir, ela olhava para o céu e imaginava encontrar um lar e alguém que gostasse dela do jeito que ela era.

Os dias passavam e ela crescia. Já adulta, sua esperança de encontrar alguém especial diminuía cada vez mais. Então ela foi se acostumando com a sua vida.

Um dia, andando pelas ruas procurando comida e abrigo, no meio de tantas pessoas, viu um homem simpático olhando para ela. Nesse momento, sentiu algo especial. Percebeu que o coração desse homem também era grandão!

Os dois sorriram! Ela, feliz com o que havia imaginado por tanto tempo; e ele, contente por ter encontrado uma cachorrinha tão especial. Para ele, ela era linda por dentro e por fora.

15

FILOMENA

Então esse homem a levou para casa, cuidou de suas feridas, alimentou-a e deu muito carinho. Agora tinha um lar com uma cama só para ela. Enfim ela recebeu um nome, Filomena! E conheceu o nome do seu novo tutor, André!

Os dias se passavam e a amizade e o carinho entre os dois só aumentavam.

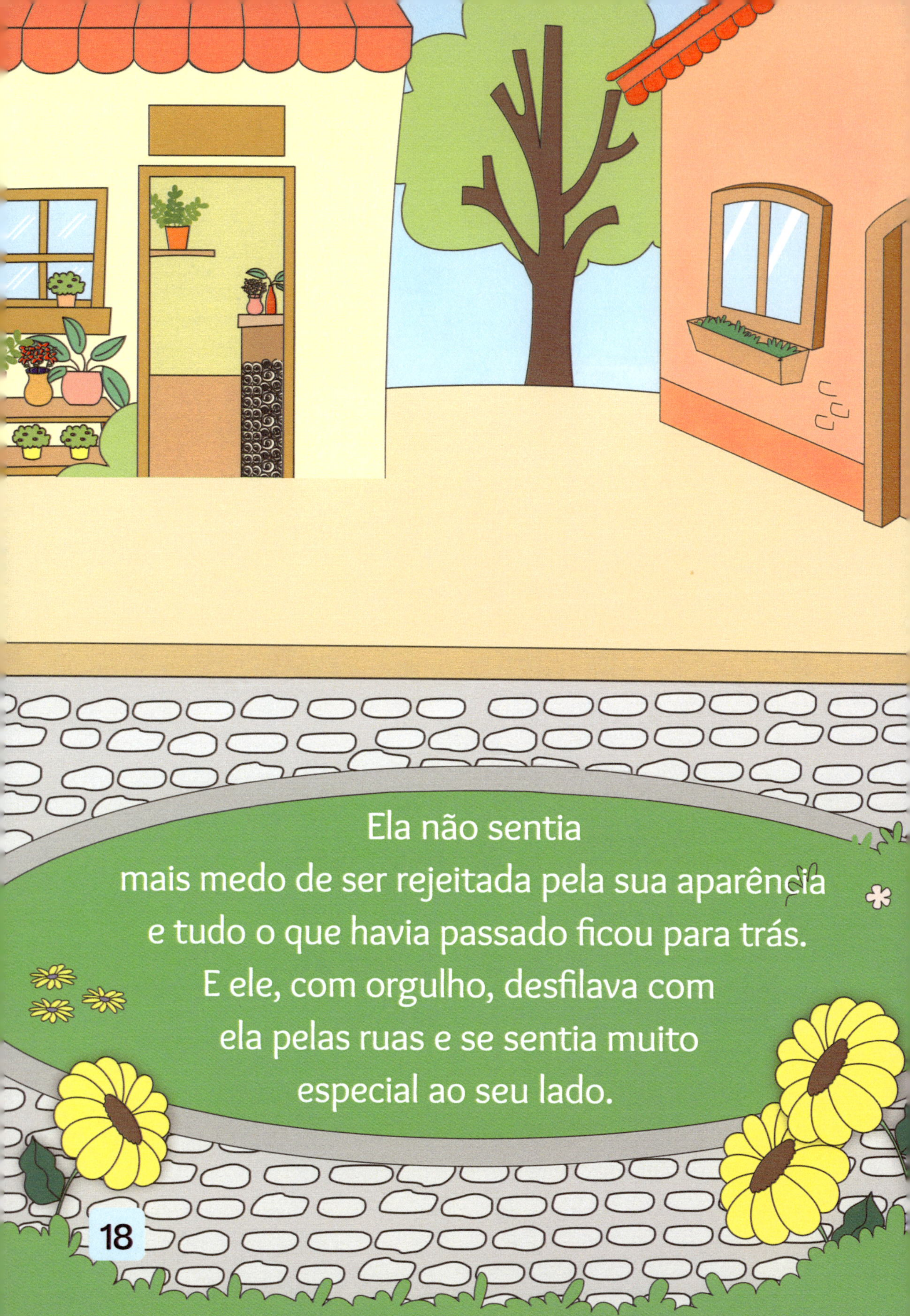

Ela não sentia
mais medo de ser rejeitada pela sua aparência
e tudo o que havia passado ficou para trás.
E ele, com orgulho, desfilava com
ela pelas ruas e se sentia muito
especial ao seu lado.

Até que, um dia, durante seus passeios matinais e no meio de tantas pessoas, Filomena e André avistaram dois corações grandões. Eram de uma moça chamada Wanessa e a sua filha Camila. Filomena correu para perto delas e fez uma grande festa. André começou a conversar com elas e convidou para o passeio.

Daquele dia em diante, surgiu uma linda história de amor de muitos corações grandões. Desse encontro também surgiu uma bela família, uma nova amiga chamada Luninha e mais um novo coração.

Filomena, que antes vivia sozinha, havia ganhado uma nova família que a amava do jeito que ela era.

Ela entendeu
que o verdadeiro amor
cura as feridas da vida e que todos os
cachorrinhos que ainda estão pelas ruas
podem ter a sorte de encontrar alguém
com um coração grandão. E o seu novo
tutor teve a certeza de que adotar um
animal que vive na ruas é um sinal de
amor e cuidado com quem mais precisa.

Me chamo Wanessa Cabral dos Santos e, desde criança, sempre gostei de ler e escrever histórias. Nasci no dia 04 de outubro, dia de São Francisco de Assis, protetor dos animais e acredito que por conta disso sempre tive muitos bichinhos de estimação. Estando com eles, aprendi sobre dar e receber muito amor. Sou mãe de uma linda menina chamada Camila e que também ama cuidar e proteger os animais. Formada em pedagogia, hoje atuo na rede municipal do Rio de Janeiro como professora de educação infantil. Acredito que, através das histórias infantis, podemos aprender lições sobre empatia e desenvolver conexões afetivas com o outro. Como dizia Steve Jobs: "a pessoa mais poderosa do mundo é o contador de histórias".

PUBLIQUE SEU LIVRO:

Não deixe de conhecer os outros livros do selo Asinha em:
www.asesdaliteratura.com